Dans la même collection :

La cour couleur
Anthologie de poèmes contre le racisme
de Jean-Marie Henry et Zaü

Tour de Terre en poésie
Anthologie multilingue de poèmes du monde
de Jean-Marie Henry et Mireille Vautier

L'alphabet des poètes
Anthologie de poèmes pour apprendre
à aimer lire et écrire
de Jean-Marie Henry, Alain Serres
et Aurélia Grandin

Naturellement
Anthologie de poèmes sur la nature
de Jean-Marie Henry et Yan Thomas

Le tireur de langue
Anthologie de poèmes insolites,
étonnants ou carrément drôles
de Jean-Marie Henry et Roland Roure

Il pleut des poèmes
Anthologie de poèmes minuscules
de Jean-Marie Henry et Zaü

Le fabuleux fablier
Anthologie de fables de tous les temps
pour mieux vivre ensemble
de Jean-Marie Henry et Régis Lejonc

Poèmes à crier dans la rue
Anthologie de poèmes pour rêver un autre monde
de Jean-Marie Henry et Laurent Corvaisier

Direction éditoriale et artistique : Alain Serres
Maquette : V.D. + K.O.
ISBN : 978-2-915569-49-0

Achevé d'imprimer en novembre 2008
sur les presses de Clerc
à Saint-Amand-Montrond (18) - France
Dépôt légal : février 2006

LE FRANÇAIS EST UN POÈME QUI VOYAGE

Poèmes réunis par Jean-Marie Henry

Images de Cécile Gambini

Anthologie
de poèmes francophones
pour les enfants

RUE DU MONDE La Poésie

UN INSTRUMENT MAGIQUE : NOTRE LANGUE

*Nous avons tous avec nous, sans y penser, un instrument fantastique, un ordinateur gratuit qui ne demande qu'une chose : qu'on l'allume et qu'on apprenne à s'en servir.
Cet appareil magique, c'est la langue française, prête à ouvrir sa boîte aux trésors, à jouer ses musiques, à faire bondir et danser ses mots, ses syllabes, pour fabriquer des histoires et des chansons, des poésies et des contes.*

Cette langue, ceux qui l'aiment en ont fait la porte grande ouverte sur le monde et sur les autres langues. Ils s'appellent poètes, conteurs, traducteurs, romanciers, (avec les féminins qui vont avec !), ils donnent aux histoires qu'ils racontent une beauté fascinante.

*Le français, bien sûr, raconte la vie en France, en Suisse, en Belgique, au Québec, aux Antilles, en Afrique, à Tahiti et ailleurs, mais aussi, quand on le choisit, il chante la beauté, les plaisirs et les peines du monde entier. Des écrivains maghrébins, libanais, irlandais, tchèques, grecs, bulgares, anglais, chinois... ont sauté à pieds joints par-dessus leur propre langue, pour enrichir cette langue française et nous passionner « en français dans le texte ».
D'autres ont fait passer en français ce qui était dit autrement : ils l'ont « traduit », c'est-à-dire « conduit à travers » les langues, pour nous toucher.*

Les mots français s'envolent et dansent pour dire toutes les histoires du monde, et toute la poésie humaine : ils ne connaissent pas les limites et les frontières, ils vont vers nous de tous les pays, de toutes les régions et nous emmènent avec eux partout sur cette « terre des hommes ».

Alain Rey
Auteur de dictionnaires, spécialiste de la langue française

LES AURORES BORÉALES

(extrait)

À la saison froide et silencieuse
les aurores boréales s'allument
comme par enchantement
une lumière qui vient d'ailleurs

je caresse du regard
la beauté du monde
et la fleur de l'espoir
une chanson aux mille couleurs

par la majesté de cette beauté
j'honore tshishe manitu
celui qui vole parmi nous
sous le visage d'un enfant

celui-là même qui vit en nous
celui qu'on cherche à comprendre
mon ami
le solitaire des montagnes
il ne suffit pas de croire en la vie
il faut se battre pour l'existence (...)

RITA MESTOKOSHO *(Ekuanitshit, communauté innue du Québec)*

OBEDJIWAN

Obedjiwan
La ouate
De tes neiges
Sans fin
Renferme
Les glaçons
Aigus
Argentés
Des sanglots
Perdus.

ELÉONORE SIOUI *(Québec)*

NEIGE

La neige nous met en rêve sur de vastes plaines, sans traces ni couleur
Veille mon cœur la neige nous met en selle sur des coursiers d'écume
Sonne l'enfance couronnée, la neige nous sacre en haute mer, plein songe, toutes voiles dehors
La neige nous met en magie, blancheur étale, plumes gonflées où perce l'œil rouge de cet oiseau
Mon cœur ; trait de feu sous des palmes de gel file le sang qui s'émerveille.

ANNE HÉBERT *(Québec)*

UN LIÈVRE

un lièvre m'a dit dans un saut roux

l'été en train de me faire délicieux
virera méchant amer dedans ma chair
si tu m'aimes sans me reconnaître

nous sommes toi et moi des fragilités
tu peux me manger comme je mange l'herbe
avec la rosée et l'insecte égaré
mais vois que je vis aussi vie que ta vie

quand tu tendras les mains vers mon corps
juste avant que je sois un plaisir dans ta bouche
ouvre ces grandes mains et regarde
le vent glisser dans la fourrure de tes paumes

MICHEL GARNEAU *(Québec)*

CLAPOTAGE

Écoute ! le clapotis
Regarde ! le clapotissement
Touche ! le clapoteau
Hume ! le clapotage
Donne ! une claque amicale

Qu'est-ce que tu dis, castor ?
Alerte ! La vie vient de clapoter
Au loin ! flic, flac, floc…

CHARLES COOCOO *(Québec)*

IL A NEIGÉ

Il a neigé sur les battures. Non, ce sont les premières oies sauvages.
Et d'une cache le premier coup de feu est parti,
et le nuage blanc s'est envolé.
Une oie touchée est restée au sol et il fallait entendre
son compagnon pleurer en haut,
se plaindre et gémir et appeler en haut,
pendant que d'en bas la blessée le suppliait de rentrer dans l'azur.
Il y plongea comme dans un lac profond
et vit du sang à la surface.

FÉLIX LECLERC *(Québec)*

LE BRIN DE PAILLE

Le brin de paille foulé à tes pieds
ne te semble rien
mais
logé dans l'œil par un léger vent
il épargne le chevreuil
du tir du chasseur aveuglé

JEAN SIOUI *(Québec)*

J'AI PRIS UNE HABITUDE

J'ai pris une habitude.
À chaque matin,
je monte dans un long brin de foin
et je regarde la nature s'éveiller,
s'incliner, boire le soleil.
Et à chaque matin,
je suis ému de voir la nature
entrer sans tapage dans un jour neuf,
un jour qui n'a jamais été vécu,
que personne,
depuis la création du monde, n'a vu,
un jour qui ressemble aux autres,
mais qui n'est pas le même,
un jour neuf avec des minutes neuves
pour des insectes libres,
absolument libres.

FÉLIX LECLERC *(Québec)*

LE TOUR DE LA GASPÉSIE

J'ai hâte de voyager dans le mois de juillet
J'irai me balader avec toi en Gaspésie
Nous irons jaser
Avec les pêcheurs
Les conteurs
Les chômeurs
Je nous vois déjà dormir dans les bois
Un peu avant Cacouna
Tu me dis tout bas
Dans le proche temps
Qui nous emmènera
Au bord du Saint-Laurent
« Vite dépêche-toi
On va aller contempler
Le soleil qui tombe dans le fleuve »
Partir un bon samedi
Faire le tour de la Gaspésie
Ça vaut la peine en maudit
Ça vaut la peine en maudit

DANIEL ROY *(Québec)*

J'AI FAIT UN BOUQUET

J'ai fait un bouquet du monde
Il y avait des forêts vertes
Deux ciels bleus pour le vol d'un oiseau blanc
Une grande brassée
D'eau de mer
Un désert jaune
Un soir d'été sur la place du marché
Un trèfle à quatre feuilles
Deux colonnes ioniennes
Brisées
J'ai attaché tout cela
Avec un bout d'horizon
Et j'ai offert à ma vie
Le bouquet du monde
Elle a souri
Elle est partie
Tout est fané
Et je m'ennuie
Moi qui pour elle
Avais cueilli
Le Monde

GILLES VIGNEAULT *(Québec)*

J'ai essayé d'écrire

j'ai essayé d'écrire en avion

à vingt-quatre mille pieds dans l'ombre bleue
on ne pense pas mécanique
mais plutôt plumes et totems
et dessins de l'ours sur la pierre

que sert d'écrire en avion
si l'avion n'est pas dans le poème

j'ai essayé d'écrire en auto
pas souvent car je conduis tout l'temps
je ne pensais pas vitesse
mais silence et mémoire
et phrases dites à un mort

que sert d'écrire en auto
si l'auto n'est pas dans le poème

d'ordinaire j'écris à une table
et je veux tout mettre dans le poème
l'avion la table l'ours et le silence
voyez-vous je rêve communicable

que sert d'écrire sur du papier
si l'arbre n'est pas dans le poème

entendez-vous je rêve communicable
je rêve d'envoyer des lettres à l'être
d'écrire à toutes les adresses

bonjour

Michel Garneau *(Québec)*

LES POÈTES

Mon voisin est marié
Il a quatorze enfants
Il fait depuis quinze ans
Des poèmes d'acier
Et de béton armé
Sans jamais réclamer
Son nom dans le journal
Et sans qu'on l'applaudisse
Sans qu'on sache de lui
S'il a bonheur ou mal
Il soude, rive et visse
Du meilleur de son mieux
Il parle de justice
Et jamais de pitié
Il a de l'amitié
Pour tous ceux qui bâtissent.

GILLES VIGNEAULT *(Québec)*

JE N'AI PAS VU

Je n'ai pas vu toutes les merveilles du monde,
mais j'ai sûrement vu la plus belle et c'est
mon pays. Où que je sois sur terre,
je l'emporte dans ma guitare.

FÉLIX LECLERC *(Québec)*

LEÇON DU BON FRANÇAIS

C'est nécessaire dire :
« Je vais, » plutôt que « Je vas, »
« Près de, » plutôt que « au ras, »
« Beaucoup, » plutôt que « un tas. »
Un tas du monde oublie le « ne » avec le « pas ».

Écoute, c'est :
« Attendre, » pas « espérer, »
« Pleurer, » pas « brailler, »
« Penser, » pas « jongler. »
Je pense que t'as jamais jonglé de ça.

Apprends :
« Lentement, » au lieu de « doucement, »
« Gentil, » au lieu de « vaillant, »
« Beaucoup, » au lieu de « joliment. »
L'essence ce n'est pas du parfum, tu vois.

Étudie cette liste :
« Une piastre, » c'est « un dollar, »
C'est une « voiture, » pas un « char, »
Une « fête, » c'est un « anniversaire, »
C'est « pourquoi, » pas « quo' faire. »
L'essence va dans ton char, rappelle-toi !

Tu me demandes quo' faire
Tout ça, c'est nécessaire.
Juste jongle comment vaillant ça serait,
Si tu rencontrais un vrai Français.

DÉGÂT *(Acadie)*

LE CAMIONNEUR

Comme un cavalier derrière son plombeau
je drive mon truck.
Ma route passe au raz des clos de canes, de maïs,
Des savanes de riz, des prairies.
Passant par les petites routes, grandes routes,
J'ai faim, je casse croûte.
Je prends une chance, je m'arrête, je mange.
La cuisinière se vante,
Mais, je sors avec un mal au ventre.

CAROL J. DOUCET *(Acadie)*

CRIS SUR LE BAYOU

(extrait)

Comme si c'est trop tard,
Comme si la bataille était perdue,
Tout le monde proche de
S'retourner de bord et
Courir se cacher dans le grand bois.
Comme si aucune graine
Poussait dans cette terre
Sèche et poussiéreuse
Et que la Saint-Médard s'annonçait
Sans pitié.
Comme si rien
Même bien amarré
Pouvait résister
De se faire garocher
D'un bord à l'autre
Dans ce vent grand comme
Le Plus Gros Ouragan.
Comme si la charité et l'espoir
Nous avaient abandonnés
Et que ni les hommes,
Ni les animaux, ni les plantes,
Ni les pierres, ni les microbes,
Ni les atomes, ni les soupçons
S'entendaient, mais se lançaient
Des grimaces et des insultes,
Des trahisons et des injures et
Des coups de poing dans le noir,
Les dents grinçantes, les yeux rouges,
Et que les courageux
Avaient tous tombés
Comme des chênes blancs
À la fin de leur temps,
Laissant un silence
De cercueil sauvage
Étouffant inspiration,
Enlevant tout même
La conception de la
Fin subie.
(...)

ZACHARY RICHARD *(Louisiane)*

DIS-LEUR

(extrait)

Un oiseau passe
éclair de plumes
dans le courrier du crépuscule (…)

VA
VOLE
ET DIS-LEUR

Dis-leur qu'à force d'aimer les hommes
nous avons appris à aimer l'arc-en-ciel
et surtout dis-leur
qu'il nous suffit d'avoir un pays à aimer
qu'il nous suffit d'avoir des contes à raconter
pour ne pas avoir peur de la nuit
qu'il nous suffit d'avoir un chant d'oiseau

ERNEST PÉPIN *(Guadeloupe)*

IL N'EST PAS DE MIDI QUI TIENNE

Il n'est pas de midi qui tienne
et parce qu'il n'a plus vingt ans
ni la dent dure
de petite vieille

pas de midi qui tienne
je l'ouvrirai
pas de midi qui tienne
je l'ouvrirai
pas de midi qui tienne
j'ouvrirai
pas de midi qui tienne
j'ouvrirai la fenêtre
pas de midi qui tienne
j'ouvrirai la fenêtre au printemps
pas de midi qui tienne
j'ouvrirai la fenêtre au printemps que je veux
éternel
pas de midi qui tienne

LÉON-GONTRAN DAMAS *(Guyane)*

DEMAIN

Je suppose que le monde soit une forêt. Bon !
Il y a des baobabs, du chêne vif, des sapins noirs, du noyer blanc ;
Je veux qu'ils poussent tous, bien fermes et drus, différents de bois,
de port, de couleur,
mais pareillement pleins de sève et sans que l'un empiète sur l'autre,
différents à la base
mais oh !
que leurs têtes se rejoignent oui très haut dans l'éther
égal à ne former pour tous
qu'un seul toit
je dis l'unique toit tutélaire…

Aimé Césaire
(Martinique)

LA RIVIÈRE

Voilà. C'est fait : je suis devenu une rivière.
Ce sera une grande aventure jusqu'à la mer
quel nom me donnera-t-on sur les cartes ?
d'où vient ce cours d'eau inconnu ?
quel ciel reflète-t-il dans ses flots ?
quelle joie, quelle faim, quelle douleur ?

Pardonnez-moi messieurs les géographes
je n'ai pas fait exprès
j'aimais voir couler l'eau
sur toutes les soifs
il y a tant d'assoiffés dans le monde
pour eux me voici changé en rivière.

Je n'aimais pas voir couler les larmes
étant rivière je pourrai qui sait ?
couler à leur place.

Je n'aimais pas voir verser le sang
étant rivière je pourrai
être versé à sa place.
Mon destin est peut-être d'emporter
à la mer toutes les peines !

René Depestre *(Haïti)*

MI.SSI.SSI.PPI

quand j'étais petit
je n'étais pas grand
j'épelais le mot MISSISSIPPI

MI
aime
aïe

SSI
tsss tsss
aïe

SSI
tsss tsss
aïe

PPI
pipi
aïe

on n'est pas sérieux
quand on est petit

Jean-Claude Charles *(Haïti)*

SIGNES DES HOMMES

(extrait)

Signes des hommes, voici pour vous mes nuits.

Langue, sois-moi toutes les langues !
Cinquante langues, monde d'une voix !

Le cœur de l'homme, je veux l'apprendre en russe, arabe, chinois.
Pour le voyage que je fais de vous à moi
Je veux le visa
De trente langues, trente sciences.

Je ne suis pas content, je ne sais pas encore les cris
des hommes en japonais !

Je donne pour un mot chinois les prés de mon enfance,
Le lavoir où je me sentais si grand.
(...)

ARMAND ROBIN *(France)*

CE SILENCE DU SOIR

Ce silence du soir,
Ce n'est pas le silence. Écoute ! Tout est noir,
La nuit obscure fait toute chose pareille,
Le ciel verse un repos immense ; pour l'oreille
Tout bruit a cessé. L'âme entend en ce moment
Une foule de voix sortir confusément
De cette ombre en disant des choses inconnues.
Il semble que les eaux, les plaines et les nues
Sont pleines de secrets qu'elles vont révéler,
Et dès que tout se tait, tout commence à parler.

VICTOR HUGO *(France)*

COMPLET BLANC

Je me promène sur le pont dans mon complet blanc acheté à Dakar
Aux pieds j'ai mes espadrilles achetées à Villa Garcia
Je tiens à la main mon bonnet basque rapporté de Biarritz
Mes poches sont pleines de Caporal Ordinaire
De temps en temps je flaire mon étui en bois de Russie
Je fais sonner des sous dans ma poche et une livre sterling en or
J'ai mon gros mouchoir calabrais et des allumettes de cire de ces grosses
que l'on ne trouve qu'à Londres
Je suis propre lavé frotté plus que le pont
Heureux comme un roi
Riche comme un milliardaire
Libre comme un homme

BLAISE CENDRARS *(Suisse)*

L'ENFANT S'EST ACCROUPI

L'enfant s'est accroupi
aux pieds de la très vieille et douce dame
en robe noire d'un autre temps.

Dans la corbeille,
encore toute enroulée,
la laine de sa vie,
et les ciseaux.

PHILIPPE JACCOTTET *(Suisse)*

LE VIEUX JEAN-LOUIS

Le vieux Jean-Louis, il n'a rien qu'un œil,
on le dirait pas,
le vieux Jean-Louis sait marquer le pas
comme personne dans les danses.
Son accordéon est comme pas un,
avec un soufflet d'un mètre de long
et tout nickelé
et un souffle à faire danser
à la fois deux ou trois villages.

Ça fait des accords, ça siffle, ça ronfle,
avec des sonnettes et des trémolos,
qu'on entend de loin sur le pont de danse.

Il faut voir les doigts du vieux Jean-Louis,
quand il est parti,
courir sur les touches
et les yeux qu'il fait, sa tête qui penche,
et qui se balance
en mesure, tant il a plaisir.

CHARLES-FERDINAND RAMUZ *(Suisse)*

UN POÈME

Un poème
ça s'attrape un peu
partout

Comme de l'air en l'air
ou de l'eau dans l'eau

Il y a des armoires
à mots
où il dort bien plié
comme du linge

Il y a des arbres d'images
où il fait le singe

Mais quand il passe
c'est tout de suite
ou c'est raté

WERNER LAMBERSY *(Belgique)*

LA DRACHE

L'orage bouscule le tableau
ouvre le dictionnaire
à la page vingt
à la page cent
jusqu'au mot inconnu

Dans la cour de récréation
parmi les flaques
on l'attrape on le pend
on lui fait la peau
on lui tire la langue française

Entre un chou de Bruxelles
et une gaufre de Liège
le mot « drache » (*)
se prend pour un caramel

FRANÇOISE LISON-LEROY *(Belgique)*

(*) En Belgique, c'est la pluie battante.

INCROYABLE

Beaucoup de personnes
préfèrent conserver
l'argent, même quand
elles constatent qu'il
ne fait pas le bonheur.
On s'habitue tellement,
disent-elles.
Et ces personnes
sont si convaincantes
que beaucoup d'autres
personnes qui avaient
le bonheur suppriment
ce bonheur pour avoir
de l'argent.

NORGE *(Belgique)*

LE LIVRE DE PRIX

Ma grand-mère m'avait donné
Un livre avec des coquillages,
Un livre de prix tout doré
Dont je tournais sans fin les pages.

On ne voyait sur les images
Rien que du ciel et de la mer
Et, tel un pont fait de lumière,
L'horizon voûté de nuages.

Des méduses se décoiffaient
À fleur d'eau, et des hippocampes
Semblaient écrire sous ma lampe
De beaux devoirs à l'imparfait.

C'était le temps des grands voyages :
J'étais Colomb et Magellan.
Ma grand-mère avait un visage
Doux comme une île Sous-le-Vent.

MAURICE CARÊME *(Belgique)*

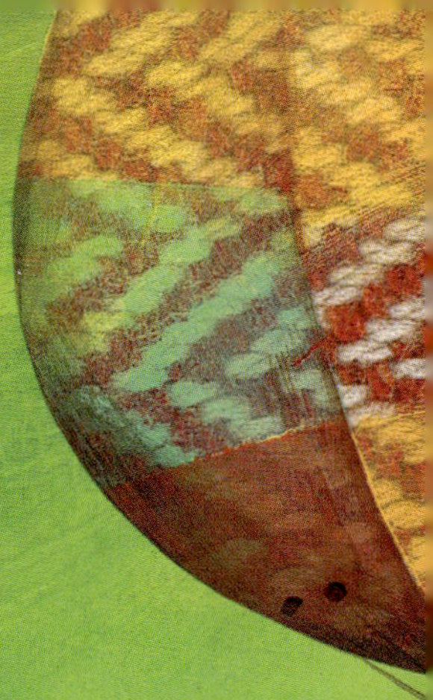

MUSIQUE DES SPHÈRES

Musique des Sphères, j'écoute
le mouvement de la Terre
qui tourne sur un disque.

Il peut tourner aussi vite qu'il veut,
tant que la lumière résonnera
la vie éternelle ne sera pas dépassée.

Et la lune lumineuse comprend
que par la gorge de la montagne
seul un nuage pourra passer.

Toutes les aurores à la pointe du jour
rayonnent en chœur afin que
ce long disque n'en finisse jamais…

NICOLAÏ KANTCHEV *(Bulgarie)*

LE CHEMIN DU CHAMANE

(extrait)

voici le héron
fraak fraak fraak !
et voici la grande oie blanche
kaigaikak kaigaikak !

je danse la danse des oiseaux
voyez mes ailes
je vole de lieu en lieu
les ailes fermes dans le vent
je monte haut, très haut dans le ciel
avec l'aigle des mers
avec le fou de l'océan

KENNETH WHITE *(Écosse)*

LA NEIGE

(extrait)

Neige, neige,
Plus blanche que linge,
Femme lige
Du sort : blanche neige.
Sortilège !
Que suis-je et où vais-je ?
Sortirai-je
Vif de cette terre

Neuve ? Neige,
Plus blanche que page
Neuve neige
Plus blanche que rage
Slave…

Rafale, rafale
Aux mille pétales,
Aux mille coupoles,
Rafale-la-Folle !
(...)

MARINA TSVÉTAÏEVA *(Russie)*

JE NE COMPRENDS PAS

je n'aime pas le lait
et cela ne veut pas dire qu'il n'est pas bon

je n'aime pas les œillets
et cela ne veut pas dire qu'ils ne sont pas beaux

très souvent je ne comprends pas
ce que l'on dit autour de moi
et cela ne veut pas dire que je suis différente

le lait est bon les œillets sont beaux
je ne suis pas différente
mais pourquoi vous m'offrez toujours du lait
vous ne cultivez que des œillets
vous dites seulement des choses
que je ne comprends pas

LETITIA ILEA *(Roumanie)*

ÉCRITURE DE FEMME
(extrait)

Alger ce soir,
Dans mon cœur murmure
Des mots d'amour
De tous les jours
Jour le plus long
Celui de l'épreuve fraternelle
Vous frères de tous les jours
Je vous salue
Dans mes mots de poète incertain
J'ai chanté Alger
Tous les jours de ma vie
Sous la pluie
Sous le vent
Les rimes dans le soleil
Levant
Le port serti de bateaux impatients
Frontière de mes rêves
M'appelle tous les jours
Sirènes silencieuses
Dans ma vie de tous les soirs…
(…)

AÏCHA BOUABACI *(Algérie)*

BLUES

J'ai pris
tes cheveux un à un
j'ai tissé une barque

Dans la brise de tes yeux
j'ai navigué vers les îles
aux tulipes bleues

Il neigeait
sur les coquelicots
de tes lèvres

Triste
était l'enfant
qui avait faim

Il pleuvait
des étoiles
sur le toit de mon cœur

J'ai pris
ta main de lune
et j'ai fait un pain

TAHAR BEKRI *(Tunisie)*

LA MENTHE ET L'OLIVIER

(extrait)

La menthe et l'olivier
Ont reverdi le sentier
Te souviens-tu des palmiers
De la chamelle et de son lait

Mon amour que j'appelais frère
Toi qui es mort à la guerre
Nous aimions nous aimer naguère
Aux portes bleues du désert

La menthe et l'olivier
Ont reverdi le sentier

Les femmes vont à la fontaine
Tous les matins de la semaine
Le soleil couche au cimetière
Je n'y fais jamais de prière

Te souviens-tu des palmiers
De la chamelle et de son lait
(...)

ASSIA DJEBAR *(Algérie)*

LE MARCHÉ DES ÉPICES

Dans le Dîwan d'El Attarine
Le marché des épices fait de la musique
Le cumin et le poivre
La cannelle et le poivron soudanais
Le gingembre et les graines de coriandre
Le safran d'Andalousie
Et le sel marin
Le thé de Chine et la muscade
Le thym et le laurier
Échangent leurs couleurs
Quand passe la mariée sur dos de mulet
Mélangent les parfums
Et donnent l'ivresse
Au chamelier ruiné.

Au fond du Dîwan
Le bleu de méthylène est dans un sac de jute
Oublié
À côté de la chaux.

TAHAR BEN JELLOUN *(Maroc)*

C'EST UN ÂNE

C'est un âne qui joue aux dés
sur la place Jamaa El Fna
il fume
un combiné de téléphone accroché à l'oreille
son maître fait le singe
pour le faire rire
l'âne est absorbé dans sa partie de jeu
il se prend au sérieux, il est ailleurs.
À côté le charmeur de serpent pleure.
Ses vipères n'aiment plus la danse du ventre.

TAHAR BEN JELLOUN *(Maroc)*

L'HIPPOCAMPE DES NUITS (RÊVE D'ENFANT)

dès que les lumières s'éteignaient
le petit cheval entrait par l'interstice
et se mettait à manger les images du mur.

TAHAR DJAOUT *(Algérie)*

TOUTE UNE VIE

Toute une vie est empaquetée au fond de cette pièce :
un transistor, un cintre, une veste, de vieilles chaussures,
un paquet de lessive, l'oiseau accablé, une tête de mouton
dans un sac en plastique, un souvenir encadré, un mur fatigué,
un mouchoir sale dans la poche du blouson, une boîte d'allumettes,
des piles usées, une lampe sur une chaise, une bouteille d'eau de mer,
et un ballon plein de vent du pays.

TAHAR BEN JELLOUN *(Maroc)*

LE DÉSESPOIR, C'EST MON ENFANT

Ne vous réjouissez pas trop vite
de mon désespoir
Le désespoir
c'est mon enfant handicapé
Il me raconte avec ses yeux
l'histoire de la hache d'amour
Ses doigts crochus sont ma boussole
je les embrasse et ne les compte pas
Sa douleur est ma source
Sa soif me fait inventer l'eau
La nourriture que je porte à sa bouche
il faut que je l'arrache de ma chair
Le désespoir
c'est mon enfant handicapé
Il me tient éveillé
et somme toute m'aide à marcher
aussi bien que la canne de l'espoir

ABDELLATIF LAÂBI *(Maroc)*

LA CATHÉDRALE DE BOURGES

Il faisait clair et bon
dans la cathédrale de Bourges
Je m'y sentais le cœur léger
comme dans les mosquées de mon enfance
Ah si les religions pouvaient apaiser ainsi
Musique de lumière
havre sans gardien
flamme petite au bout des doigts
que le vent caresse
murmure jamais plus haut
que l'autre murmure
Il faisait clair et bon
dans la cathédrale de Bourges
dans la mosquée Al-Qaraouiyine
Parole d'infidèle

ABDELLATIF LAÂBI *(Maroc)*

J'OUVRE LES YEUX

J'ouvre les yeux.
Je suis inondé de joie :
la gargoulette,
poreuse,
d'un ocre clair qui vire au vert très tendre,
et tout près,
à deux centimètres à peine,
une tranche de pastèque,
large, rouge blessé,
– sa carapace de moire sombre,
le tout disposé
sur une table de bois blanc.

JEAN SÉNAC *(Algérie)*

UN OISEAU A CHANTÉ

Un oiseau a chanté au matin de la figue
La lune a regardé
Ce qui a chu dans le malheur simple du monde
Ce qui a chu dans l'herbe simple de ce jour
Sous la rosée comme une main d'enfant
Ce sont, dévorées, mûres,
Des figues non cueillies
Pour rien créées

SALAH STÉTIÉ *(Liban)*

LORSQUE J'IRAI AUX CANARIES

Lorsque j'irai aux Canaries
J'aurai, Nanita, des moustaches,
Probablement des favoris,
Une valise en cuir de vache.

J'arriverai à Las Palmas
Par un matin de beurre sale
Avec un large panama
Comme dans les cartes postales.

Je t'écrirai : Nanita,
Il fait ici un temps d'orange,
Les casinos ont des hamacs
Les papillons sont des losanges.

GEORGES SCHÉHADÉ *(Liban)*

ME CROIRIEZ-VOUS

Me croiriez-vous si je vous disais
que mes volets applaudissent les jours fériés
que mes escaliers sautent à pieds joints
et que mes lucarnes font des clins d'yeux aux passants ?

Me croiriez-vous si je vous disais
que mon ombre ayant bondi plus haut que de coutume
a croqué le doigt d'une lune
et s'est essuyé le museau sur ma main ?

VÉNUS KHOURY-GHATA *(Liban)*

ICI

Ici ruelles d'enfants
où toutes les capitales

s'ensablent
s'attablent
entre rues
de Madrid
Paris Moscou
Londres Athènes

CHEHEM WATTA *(Djibouti)*

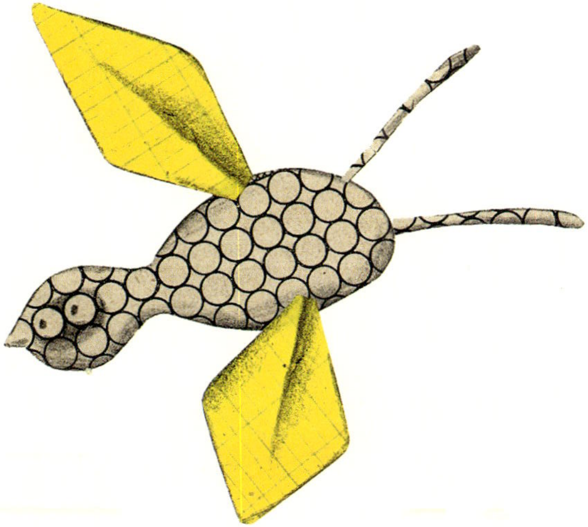

JE SUIS NÉ DANS UNE FORÊT BLEUE

Je suis né dans une forêt bleue
et ma mère m'a toujours dit
que j'étais l'arbre le plus triste.
Mon corps a pu servir
à tailler un violon, un peu difforme,
mais avec l'âme d'un enfant perdu.
On m'a mis, tout jeune,
dans une boîte, et je dormais
entouré d'un velours rouge vif.
Pour les grandes occasions,
mon artiste me couchait
sur sa clavicule
et là, à cet endroit
précis, mes souvenirs
de la forêt bleue
se réveillaient toujours.
Le public n'a jamais su
que sous tes doigts
coulaient les rêves
d'un tronc orphelin.

SHLOMO REICH *(Israël)*

TON REGARD

Ton regard
ce Stradivarius
né à Auschwitz.

SHLOMO REICH *(Israël)*

POURSUITE DU CHEMIN

Main dans la main
Avec grand'père
Je poursuis
Mes chemins
Sous l'ombre
Ou la lumière
Je dessine mon nom

Plus tard   plus tard
Grand'père
C'est moi qui saisirai
Ta main.

ANDRÉE CHEDID *(Égypte)*

C'ÉTAIT AU PREMIER MATIN

C'était au premier matin
du monde
et l'histoire se disait encore en pointillé
dans nos mémoires pleines de rosée
C'était au premier chant du coq
au premier matin du jour le plus long
et nos pas d'averse matinale
nos pas d'herbes folles
nos pas de sentier mouillé
jubilaient sur la peau ondulée
du macadam capricieux
Alors la ville aux mille étoiles de lagune
la ville aux deux collines
aux quatre plateaux
la ville aux vingt bidonvilles
s'étonna
au sortir de son rêve de grandeur
du mouvement incessant du vent matinal

TANELLA BONI *(Côte-d'Ivoire)*

RACONTE-MOI...

(extrait)

Raconte-moi
La parole du griot
Qui chante l'Afrique
Des temps immémoriaux
Il dit
Ces rois patients
Sur les cimes du silence
Et la beauté des vieux
Aux sourires fanés
Mon passé revenu
Du fond de ma mémoire
Comme un serpent totem
À mes chevilles liés
Ma solitude
Et mes espoirs brisés
Qu'apporterais-je
À mes enfants
Si j'ai perdu leur âme ?

VÉRONIQUE TADJO *(Côte-d'Ivoire)*

UN JOUR, TU APPRENDRAS…

Un jour, tu apprendras
Que tu as la peau noire, et les dents blanches,
Et des mains à la paume blanche,
et la langue rose
Et les cheveux aussi crépus
Que les lianes de la forêt vierge.

Ne dis rien. Mais si jamais tu apprends
Que tu as du sang rouge dans les veines,
Alors, éclate de rire,
Frappe tes mains l'une contre l'autre,
Montre-toi fou de joie
À cette nouvelle inattendue.
Puis cet instant de gaîté feinte passé,
Prends ton air sérieux
Et demande autour de toi :
Du sang rouge dans mes veines,
Cela vous suffit-il pour vous faire croire
Que je suis un homme ?
La chèvre de mon père,
Elle aussi, a du sang rouge dans les veines.

Et puis, dis-leur que tu t'en moques.

Car tu sais, ils n'ont rien compris
À la farce créatrice qui donna
Du sang rouge à l'animal et à l'homme,
Mais oublia totalement de donner
Une tête d'homme à la chèvre de ton père.

Vis et travaille.
Alors, tu seras un homme.

FRANCIS BEBEY *(Cameroun)*

CE QUE DIT LE TAM-TAM

Ce que dit le tam-tam
Est au fond de mon cœur
Le tam-tam chante
L'arrivée de la pluie
Le tam-tam chante
Le passage des perroquets
Le tam-tam chante
Le départ des combattants
Le tam-tam chante
La naissance des jumeaux
Ce que dit le tam-tam
Est au fond de mon cœur
Le tam-tam chante
La fleur qui naît et meurt
Sans bruit
Le tam-tam chante
L'aube des temps nouveaux
Le tam-tam chante
La terre nourrissante
Le tam-tam chante
Le ciel fleuri d'étoiles
Ce qui dit le tam-tam
Est au fond de mon cœur
Le tam-tam chante
La solitude de l'exilé
Le tam-tam chante
Le lever du soleil
Le tam-tam chante
La vie qui s'ouvre à l'enfance
Le tam-tam chante
Ce que dit mon cœur
Tout bas tout bas.

PIERRE-EDGAR MOUNDJEGOU MANGANGUE *(Gabon)*

LE TOTEM

Il me faut le cacher
au plus intime de mes veines
L'Ancêtre à la peau d'orage
sillonnée d'éclairs et de foudre
Mon animal gardien, il me faut le cacher
Que je ne rompe le barrage des scandales.
Il est mon sang fidèle qui requiert fidélité
Protégeant mon orgueil nu contre
Moi-même et la superbe des races heureuses…

LÉOPOLD SÉDAR SENGHOR *(Sénégal)*

À L'ÉCOLE DU CAMÉLÉON

Le caméléon est un très grand professeur. Regardez-le.
Quand il prend une direction, il ne tourne jamais la tête.
Faites comme lui. Ayez un objectif dans votre vie et que rien
ne vous en détourne. Le caméléon ne tourne pas la tête
mais c'est son œil qu'il tourne. Il regarde en haut, en bas.
Cela veut dire : Informez-vous. Ne croyez pas que vous êtes seuls
sur la terre. Quand il arrive dans un endroit, il prend la couleur
du lieu. Ce n'est pas de l'hypocrisie. C'est d'abord de la tolérance
et puis du savoir-vivre. Se heurter les uns les autres n'arrange rien.
Jamais rien n'a été construit dans la bagarre. Il faut toujours
chercher à comprendre l'autre. Si nous existons, il faut admettre
que l'autre existe. Si le caméléon avance, il lève un pied.
Il balance. Cela s'appelle de la prudence dans la marche.
Pour se déplacer, il accroche sa queue, ainsi si ses pieds
s'enfoncent, il reste suspendu. Cela s'appelle assurer ses arrières.
Ne soyez donc pas imprudent. Lorsque le caméléon voit une proie, il ne se précipite
pas dessus mais il envoie sa langue. Si sa langue peut lui ramener, elle lui ramène.
Sinon il a toujours la possibilité de reprendre sa langue et d'éviter le mal.
Allez doucement dans tout ce que vous faites. Si vous voulez faire une œuvre durable,
soyez patient, soyez bon, soyez humain. Voilà. Si vous vous trouvez dans la brousse,
demandez aux initiés qu'ils vous racontent la leçon du caméléon.

AMADOU HAMPÂTÉ BÂ *(Mali)*

CAMÉLÉON

Caméléon, prête-moi ta robe verte
Pour cueillir l'herbe des prairies.
Prête-moi ta robe grise
Pour pêcher au fond de l'eau,
Prête-moi ta robe bleue
Pour prendre un pan du ciel.
Prête-moi ta robe rouge
Couleur de feu,
Donne-moi ta robe jaune
Couleur de moisson,
C'est elle la plus jolie.

FATOU NDIAYE SOW *(Sénégal)*

PORT-LOUIS

... Port-Louis ma capitale
le Jardin des Salines
mes rêves devant la mer
les bateaux dans la rade
mes adieux sans départ
aux tortues centenaires
au Cimetière de l'Ouest
aux oiseaux bateliers
mes escales fantômes
Batavia Liverpool

... Port-Louis ma délirante
ce délit du partir
alors que je t'aimais
trottoir après trottoir
qu'avec mes amis d'or
nous frappions à ton ciel
pour une mâne secrète
sur nos vies secondaires
réinventions le monde
pour être enfin nous-mêmes

ÉDOUARD J. MAUNICK *(Maurice)*

RONDE POUR MES ENFANTS PRÉSENTS

Que nous rapportera-t-il, notre père
de son voyage de demain ?

– Solofo je suis, donc une pousse neuve,
une pousse neuve au pied de l'arbre :
je désire une pousse de roseau
avec du miel épais dedans.

– Sahondra je suis, donc une fleur,
une fleur qui dépasse l'herbe :
je désire des fleurs en grappe
que je mettrai dans mes cheveux.

– Voahangy je suis, donc des perles de corail,
de grosses perles de corail :
je désire des coraux de pourpre
à enfiler au collier de mon nom.

– Notre père nous apportera
une pousse enroulée de grappes corallines.

JEAN-JOSEPH RABEARIVELO *(Madagascar)*

LA TERRE MARCHE DEPUIS LA NUIT DES TEMPS

– J'ai tant marché que j'ai usé mes pieds, il me reste ma jambe.
Je l'ai usée aussi.
J'ai marché sur mon ventre, je l'ai usé.
Mon cou usé, j'use maintenant ma tête.

La Terre avait tant marché
qu'elle était ronde.
La nuit l'avait usée
et elle était devenue chauve.

MALCOM DE CHAZAL *(Maurice)*

une forte
de souplesse

ÉCRIRE
(extrait)

Écrire
Une île
Un pays
D'eau
De pluie
De source
De mer
De creek
Nickelé
D'eau
Boueuse
De mangrove
Stagnante
Où vasouiller
Ou nager
en eaux troubles
Comme un poisson
dans l'eau
Devient un art
(...)

DÉWÉ GORODEY
(Nouvelle-Calédonie)

NOS LANGUES DANSENT LA DANSE DE LA TERRE
(extrait)

Kwènyii,
Wêê,
Numèè,
Caac,
Le mât est planté sur la terre,
Dans l'aire de danse,
Pour annoncer au peuple
la danse sacrée :
Prenez vos conques,
Soufflez sur les montagnes,
Soufflez dans les airs
Soufflez dans les forêts
Et dans les vallées
Pour appeler tout le monde
À danser la danse de la terre...

WANIR WÉLÉPANE
(Nouvelle-Calédonie)

JE FAIS UN FEU

Le soleil
M'ayant quitté,
Je fais un feu de bois,
Un feu de musique,
Un feu de poésie,
Pour être mon ami,
Un feu
Pour réchauffer mon cœur
Un feu
Pour éclairer mon visage,
Un feu
Pour cuire ma nourriture
Un feu pour vivre mieux
Attendant un nouveau soleil

WANIR WÉLÉPANE
(Nouvelle-Calédonie)

LA VALLÉE OÙ ILS VIVENT

La vallée où ils vivent et meurent
est pareille à un vieux bol cassé
où ils ne mangent plus à leur faim

Sur les seuils le soir ils restent muets
sachant que les paroles sont dites
et tout désir déjà épuisé

Humblement ils tendent leur vieux bol
vers les étoiles qui toujours passent
vers les loriots qui ne reviendront plus

FRANÇOIS CHENG *(Chine)*

QUI ACCUEILLE

Qui accueille s'enrichit
Qui exclut s'appauvrit

Qui élève s'élève
Qui abaisse s'abaisse

Qui oublie se délie
Qui se souvient advient

Qui vit de mort périt
Qui vit de vie sur-vit

FRANÇOIS CHENG *(Chine)*

MES DEUX MAINS

Voici mes deux mains,
fleurs au bout des branches,
roses les boutons,
les pétales ronds.

Toujours en chemin,
toujours à la peine,
Voici mes deux mains,
deux fleurs de moi-même.

CÙ HUY CÂN *(Viêtnam)*

La langue française voyage, et bien au-delà des pays voisins où elle cohabite avec d'autres, comme en Suisse ou en Belgique. Depuis près de 500 ans, elle fait même le tour du monde : elle est présente aujourd'hui dans plus de 50 pays !

Dès 1534, Jacques Cartier, navigateur né à Saint-Malo, aborde l'Amérique par l'île de Terre-Neuve, puis descend le fleuve Saint-Laurent. Une première colonie de Français y fait commerce de fourrures avec les Indiens. La Province française du Canada est créée. C'est le Québec d'aujourd'hui.
Un autre explorateur français, Robert Cavelier de La Salle, descend, lui, le Mississippi et, en hommage à Louis XIV, donne le nom de Louisiane aux terres où il s'installe.

Dès lors, tous les pays riches partent à la conquête du monde. En pratiquant l'esclavage, ils arrachent 15 millions d'Africains à leur continent. La Guyane et les Antilles sont ainsi colonisées au 17e siècle par la France qui leur fait exploiter coton et canne à sucre. Le siècle suivant, c'est le tour de la Réunion et de Tahiti.
Au 19e siècle, la puissance coloniale française s'impose, notamment en Algérie, au Maroc, en Tunisie, dans l'Ouest africain et en Asie du Sud-Est.

Les enfants de tous ces territoires sont contraints d'apprendre le français.
C'est la langue officielle. Mais, depuis, le vent de l'Histoire a tourné et l'idée de l'indépendance des peuples a fortement marqué le 20e siècle. La conquête de leur liberté a aussi bousculé l'empire culturel que la langue française s'était construit. Le vietnamien, l'arabe dans le Maghreb, le wolof au Sénégal… partout, les langues restituent aux populations leurs racines.

Pourtant, depuis le 18e siècle, dans toute l'Europe et jusqu'à la cour des Tsars de Russie, la langue des grands philosophes ou écrivains français a souvent été associée à l'idée même de liberté.
Au Canada, le français est aujourd'hui encore un symbole fort de liberté pour les Québécois qui entendent résister à la culture nord-américaine.
Et en France, il est la langue de l'exil pour de nombreux étrangers qui trouvent là une terre d'accueil. Des écrivains en font parfois la langue de leur création.

La francophonie est cet incroyable voyage, douloureux, lumineux et complexe.
Un voyage qui se poursuit et donne sans cesse de nouvelles couleurs à notre langue en mouvement.

TABLE DES POÈMES